AF497886

PREMIÈRES NOTIONS

DE

GRAMMAIRE FRANÇAISE

OU

GUIDE ANALYTIQUE

À L'USAGE

DES ÉCOLES ÉLÉMENTAIRES,

PAR M. ROBERT,

Directeur de l'école communale d'enseignement mutuel
de Saint-Etienne (Loire).

❧❧❧

QUATRIÈME ÉDITION.

❧❧❧

PROPRIÉTÉ.

Pour enseigner avec fruit aux enfants,
il faut emprunter leur simplicité.

Les ouvrages du même auteur se trouvent :
Chez PÉRISSE FRÈRES, à Paris et à Lyon ;
Chez A. BRUN et COMPᵉ, petite rue Mercière, à Lyon ;
Et chez PONSTON, à Saint-Etienne.

PREMIÈRES NOTIONS

DE

GRAMMAIRE FRANÇAISE.

LEÇON PRÉLIMINAIRE *(a)*.

1. *Parler*, c'est manifester ses pensées.

On manifeste ses pensées par la *parole* et par l'*écriture :* par la *parole* au moyen des sons libres ou articulés de la voix ; par l'*écriture* en employant certains signes appelés *lettres* qu'on divise en *voyelles* et en *consonnes*.

2. Les *voyelles* sont *a e i o u* et *y ;* on les appelle *voyelles* parce qu'on s'en sert pour écrire les sons de la voix.

3. Les *consonnes* sont *b c d f g h j k l m n p q r s t v x z ;* on les appelle *consonnes* parce qu'elles se prononcent ou *sonnent* avec les *voyelles*. Seules elles ne peuvent exprimer aucun son de voix.

4. Ces *signes* sont aussi en usage dans l'écriture : l'accent *aigu* (´), l'accent *grave* (`), l'accent *circonflexe* (^), l'*apostrophe* ('), le *tréma* (··), le *trait d'union* (–), la *cédille* (,), la *parenthèse* ( ), le *guillemet* (»), la *virgule* (,) le *point et virgule* (;), les *deux points* (:), le *point* (.), le *point d'interrogation* (?) et le *point d'admiration* (!).

5. La voyelle *e* a trois sons : sans accent elle a un son muet, comme dans *petite, vendre ;* avec accent *aigu* elle a un son aigu, comme dans *vérité ;* avec accent *grave* ou accent *circonflexe*, elle a un son grave ou très-grave, comme dans *procès, tête.*

La voyelle *y*, dans le corps des mots précédés d'une voyelle, s'emploie pour deux *i, pays, moyen.*

La consonne *h* est muette quand elle n'ajoute rien à la prononciation, comme dans *homme, honneur*, et aspirée quand elle fait prononcer du gosier la voyelle qui suit, comme dans *hameau, héros.*

6. Les dix mots *le, la, je, me, te, ce, se, ne, que, de,* perdent l'*e* ou l'*a* quand le mot qui suit commence par une voyelle ou une *h* muette ; alors on met une apostrophe (') à la

---

(a) Les commençants ne doivent pas apprendre par cœur les articles écrits en petits caractères.

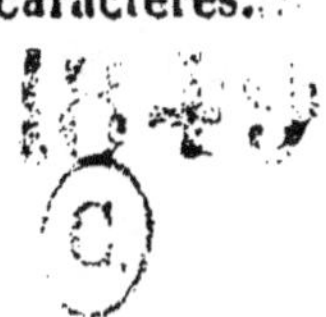

place de la lettre retranchée, et l'on écrit : *l'homme, l'âme, j'ai, je m'impose, je l'écris, c'est, il s'aime, n'est, qu'un, d'écouter,* pour *le homme, la âme, je ai, je me impose,* etc.

7. Il y a dix sortes de mots qui entrent dans la composition du discours, ce sont : le *substantif, l'article, l'adjectif,* le *pronom,* le *verbe,* le *participe, l'adverbe,* la **préposition,** la **conjonction** et l'*interjection.*

DU SUBSTANTIF.

8. Le *substantif* ou *nom* est un mot qui nomme une *personne* ou une *chose*; ainsi *Louis* est un substantif, parce qu'il nomme une *personne*; *plume* est un substantif, parce qu'il nomme une *chose.*

9. Le *substantif* est *commun* ou *propre.* Il est *commun,* s'il convient à toute une espèce de personnes ou de choses; et *propre,* s'il ne convient pas à toute une espèce de personnes ou de choses. Ainsi, *maître* est un substantif commun, parce qu'il convient à tous les *maîtres*; *Philippe* est un substantif propre, parce que *Philippe* est le nom d'un homme, et que tous les hommes ne s'appellent pas *Philippe.*

10. Le *substantif* est masculin ou féminin. Il est masculin s'il nomme un être *mâle,* et feminin s'il nomme un être *femelle.* On connaît mécaniquement qu'un substantif est masculin, quand on peut placer devant lui les mots LE PETIT; au contraire, on reconnaît qu'il est féminin, si on peut placer devant ce substantif les mots LA PETITE. Ainsi, *homme, frère,* sont des substantifs masculins, parce qu'on peut placer devant eux les mots LE PETIT, et dire LE PETIT *homme,* LE PETIT *frère.* Au contraire, *mère, épingle,* sont des substantifs féminins, parce que l'on peut dire LA PETITE *mère,* LA PETITE *épingle.*

11. Le *substantif* est singulier ou pluriel. Il est singulier s'il nomme une seule personne ou une seule chose, et pluriel s'il nomme plusieurs personnes, ou plusieurs choses; ainsi, un *livre,* une *plume,* les substantifs *livre, plume,* sont des substantifs singuliers, parce qu'ils ne nomment qu'une seule chose; au contraire,

les *hommes*, trois *mères*, les substantifs *hommes*, *mères*, sont des substantifs pluriels, parce qu'ils nomment plusieurs personnes.

12. Un substantif qui, quoique au singulier, donne à l'esprit l'idée de plusieurs personnes ou de plusieurs choses, s'appelle substantif *collectif*, comme : *forêt*, *douzaine*, *armée*, *compagnie*, *troupeau*.

Le substantif *collectif* est *général*, quand il donne à l'esprit l'idée d'une collection entière, et *partitif* quand il ne donne pas l'idée d'une collection entière. Exemple : l'*armée* française, collectif *général*; une *compagnie* de soldats, collectif *partitif*.

ORTHOGRAPHE DES SUBSTANTIFS.

13. **Règle générale.** — On forme le pluriel des substantifs en ajoutant une *s* à la fin : un *livre*, des *livres*, un *enfant*, deux *enfants*, le *maître*, les *maîtres*.

14. **Exceptions.** — 1re *exception*. Les substantifs terminés au singulier par *s x z*, comme *fils*, *bras*, *croix*, *voix*, *nez*, *riz*, etc., ne changent pas au pluriel.

15. 2me *exception*. Les substantifs terminés au singulier par AU ou par EU, comme *fourneau*, *chapeau*, *neveu*, *jeu*, etc., prennent un *x* au pluriel.

16. 3me *exception*. Les substantifs terminés par AL ou AIL, comme *canal*, *cheval*, *travail*, *bail*, etc., changent AL ou AIL en *aux*, excepté *bal*, *carnaval*, *régal*, *portail*, *attirail*, *éventail*, *détail*, *poitrail*, *sérail*, *gouvernail*, qui suivent la *règle générale* en prenant une *s* au pluriel.

4me *exception*. Les substantifs *chou*, *pou*, *genou*, *bijou*, *hibou*, *caillou* et *joujou*, prennent un *x* au pluriel.

DE L'ARTICLE.

17. L'*article* est un mot qui se place devant le substantif commun pris dans un sens déterminé. Les mots qui sont articles sont *le*, *la* et *les*. Les mots *au*, *aux*, *du*, *des*, sont appelés articles composés, parce que *au* est mis pour *à le*, *aux* est mis pour *à les*, *du* est mis pour *de le*, *des* est mis pour *de les*.

18. L'article est toujours du même genre et du même nombre que le substantif auquel il se rapporte. Exemple : *les* canifs de Louis, LES est article masculin pluriel, parce que LES se rapporte à canifs qui est masculin pluriel.

DE L'ADJECTIF (*a*).

Il y a deux sortes d'adjectifs : les adjectifs *qualificatifs* et les adjectifs *déterminatifs*.

19. Les adjectifs *qualificatifs* sont des mots qui qualifient un substantif ou un pronom. Exemple : *Louis est* PETIT, *mais il est* SAGE, AIMABLE et COMPLAISANT ; les mots *petit, sage, aimable* et *complaisant*, sont des adjectifs *qualificatifs*, parce qu'ils qualifient le substantif *Louis* ou le pronom *il*.

20. Les adjectifs *déterminatifs* déterminent la signification du substantif en y ajoutant une idée d'ordre, d'indication ou de possession.

21. Il y a trois sortes d'adjectifs *déterminatifs* : les adjectifs *numéraux*, les adjectifs *démonstratifs* et les adjectifs *possessifs*.

22. Les adjectifs *numéraux* sont des mots qui servent à compter, à marquer l'ordre ou le rang. Ces adjectifs *numéraux* sont : *un, deux, trois, dix, vingt, cent, mille, million ; premier, deuxième, dixième, centième*, etc.

23. Les adjectifs *démonstratifs* sont des mots qui indiquent la présence d'une personne ou d'une chose. Ces adjectifs *démonstratifs* sont : *ce, ces, cet* et *cette*.

24. Les adjectifs *possessifs* sont des mots qui expriment la possession d'une personne ou d'une chose. Ces adjectifs sont : *mon, ton, son, notre, votre, leur ; ma, ta, sa, mes, tes, ses, nos, vos, leurs*.

25. Les adjectifs sont toujours du même genre et

(*a*) Comme l'adjectif qualifie le substantif et le pronom, il convient que les élèves sachent ce que c'est qu'un pronom avant de leur faire apprendre les définitions de l'adjectif.

du même nombre que le substantif ou le pronom auquel ils se rapportent. *Petit nez, petite main* (a).

ORTHOGRAPHE DES ADJECTIFS QUALIFICATIFS.

26. Les adjectifs *qualificatifs*, pour la formation du pluriel, suivent en général la même règle que les substantifs.

27. Le féminin des adjectifs qualificatifs se forme de plusieurs manières.

28. 1re Règle. — Les adjectifs qualificatifs terminés au masculin par un *e* muet, comme *utile, agréable, sage*, ne changent pas au féminin : un garçon *utile*, une fille *utile*.

29. 2me Règle. — Ceux qui ne sont pas terminés au masculin par un *e* muet, comme *prudent, vrai, poli*, en prennent un et font : *prudente, vraie, polie*.

30. Exceptions. — 1re *exception.* — Les adjectifs qualificatifs terminés au masculin par AS, EL, EIL, OL, AS, OT, ON, UL, comme *bas, cruel, vermeil, fol, bas, vieillot, bon, nul*, doublent la dernière consonne avant de prendre l'*e* muet et font : *basse, cruelle*, etc.

31. 2me *exception.* Les adjectifs qualificatifs terminés au masculin par *x* changent au féminin X en SE : *heureux, heureuse; jaloux, jalouse*, etc.

3me *exception.* Ceux terminés au masculin par F, changent F en VE : *vif, vive; actif, active; veuf, veuve;* etc.

32. 4me *exception.* Ceux enfin terminés en EUR, changent EUR en EUSE, en TRICE, en RESSE et en EURE : *flatteur, flatteuse; débiteur, débitrice; pêcheur, pêcheresse; mineur, mineure*, etc.

33. 5me *exception.* Bénin fait au féminin bénigne, blanc fait blanche, faux fait fausse, ammoniac ammoniaque, barlong

---

(*a*) Si l'adjectif se rapporte à plusieurs substantifs ou pronoms il se met au pluriel ; si les substantifs ou pronoms sont de différents genres il se met au masculin pluriel. Exemple : *Il a la bouche et les yeux grands.*

barlongue, beau belle, coi coite, favori favorite, feuillant,
feuil antine, frais fraîche, franc franche, fou folle, grec grecque,
hôte hôtesse, jumeau jumel e, larron larronnesse, long longue,
malin maligne, mou molle, nouveau nouvelle, oblong oblongue,
pastoureau pastourelle, pénitentieux pénitentielle, pitre
pitresse, public publique, quidam quidane, roux rousse, sec
sèche, tigre tigresse, traître traîtresse, vieux vieille.

*Lorsque les élèves connaissent les définitions des trois
premières parties du discours, et que le maître leur a expliqué ce qui regarde l'orthographe des substantifs et des
adjectifs, ils peuvent, afin de se former sur l'orthographe de
ces espèces de mots ire et plus tard écrire les exercices indiqués sur le plus facile des tableaux d'exercices orthographiques.* (Voir l'explication de ces tableaux.)

DU PRONOM.

34. Le *pronom* est un mot qui tient la place du substantif ou nom. Si je dis : *Je me d sp te*, les mots JE, ME
tiennent la place de mon *nom*. *Tu te disputes*, les mots
TU, TE tiennent la place de ton *nom*. *Il ou el e se dispute*,
les mots IL, ELLE, SE tiennent la place du nom ou
substantif de la personne dont on parle. donc *je*, *me*,
tu, *te*, *il*, *elle*, *s*, sont des pronoms parce qu'ils tiennent
la place du nom ou substantif de la personne qui parle,
de celui à qui l'on parle et de celui de qui l'on parle.

35. Un pronom qui tient la place de la personne
qui parle s'appelle pronom de la première personne.

Un pronom qui tient la place de la personne à qui
l'on parle s'appelle pronom de la deuxième personne.

Un pronom qui tient la place de la personne ou de
la chose dont on parle s'appelle pronom de la troisième
personne.

36. Il y a six sortes de pronoms : les pronoms *personnels* qui désignent plus particulièrement les trois
personnes que les autres pronoms.

Ces pronoms sont : 1re personne, *je*, *me*, *moi*, *nous*;
2me personne, *tu*, *te*, *toi*, *vous*; 3me personne, *il*, *elle*,
eux, *lui*, *en*, *les*, *leur*, *se*, *soi*, *en*, *y*.

37. *Remarque.* Les mots *le*, *la*, *les*, *leur* et *en* sont
pronoms quand ils accompagnent un verbe ; au con-

traire, *le*, *la*, *les*, sont articles; *leur*, adjectif, et *en* préposition quand ils accompagnent un substantif.

38. Les pronoms *interrogatifs* qui marquent l'interrogation ou l'incertitude. Ces pronoms sont : *qui*, *que*, *quoi*, *lequel*, *laquelle*, *lesquelles*.

39. Les pronoms *relatifs* qui rappellent l'idée d'un substantif ou d'un pronom qui est devant. Ces pronoms sont : *qui*, *que*, *quoi*, *dont*, *lequel*, *où* etc.

40. Les pronoms *démonstratifs* qui tiennent la place d'un substantif, et d'un adjectif démonstratif. Ces pronoms sont : *ce*, *celui*, *celui-ci*, *celui-là*, *ceci*, *cela*, *celle*, *celle-ci*, *celle-là*, *ceux*, *ceux-ci*, *ceux-là*, *celles*, *celles-ci*, *celles-la*.

41. Les pronoms *possessifs* qui tiennent la place d'un substantif et d'un adjectif possessif. Ces pronoms sont : le mien, le tien, le sien, le nôtre, le vôtre, le leur; la mienne, la tienne, la sienne, la nôtre, la vôtre, la leur; les miens, les tiens, les siens, les nôtres, les vôtres, les leurs; les miennes, les tiennes, les siennes.

42. Les pronoms *indéfinis* qui tiennent la place d'un substantif indéfini. Ces pronoms sont : *on*, *quiconque*, *quelqu'un*, *chacun*, *autrui*, *l'un et l'autre*, *personne*, *rien*, etc.

43. Le pronom est toujours du même genre, du même nombre et de la même personne que le substantif dont il tient la place. Ainsi, en parlant d'une maison, je dis : ELLE *est belle*. Le pronom *elle* est de la troisième personne du féminin et du singulier, parce que *elle* tient la place de *maison* qui est de la troisième personne du féminin et du singulier.

DU VERBE.

44. Le *verbe* est un mot qui exprime une action, un état ou une possession. Exemple : *tu manges*, *manges* exprime l'action de manger. Louis *est* sage; le mot *est* exprime l'état dans lequel est Louis. *J'aurai* six francs; le mot *aurai* exprime la possession de six francs.

DU SUJET.

45. Le *sujet* du verbe est le mot ou les mots qui font l'action, qui sont ou qui possèdent. On le trouve en faisant la question QUI EST-CE QUI? Exemple : Pierre *marchera, sera* courageux et *aura* dix sous ; dites : QUI EST-CE QUI *marchera?* QUI EST-CE QUI *sera?* QUI EST-CE QUI *aura* dix sous? Réponse : *Pierre.* Pierre est donc sujet des verbes *marchera, sera* et *aura.*

DU RÉGIME.

46. Le *régime direct* d'un verbe est le mot ou les mots qui complètent la signification du verbe, ou sur lesquels tombe l'action exprimée par le verbe; il répond aux questions QUI? QUOI? faites après le verbe. Exemple : *Louis frappe sa sœur. Sœur* est le régime direct : 1° parce que ce mot reçoit l'action du verbe ; 2° parce que ce mot complète la signification du verbe; 3° parce que *sœur* répond à la question QUI? *Louis frappe* QUI? *sa sœur.*

47. Le *régime indirect* d'un verbe est le mot ou les mots qui complètent indirectement la signification du verbe. Il répond aux questions A QUI? A QUOI? DE QUI? DE QUOI? PAR QUI? PAR QUOI? etc., faites après le verbe.

48. Dans les verbes on distingue trois *époques* ou *temps* principaux : le *présent* (maintenant), *il boit;* le *passé, il buvait;* et le *futur* (plus tard), *il boira.*

49. On entend par *modes* des verbes les différentes *manières* d'exprimer l'action, l'état et la possession.

50. Il y a cinq *modes* : l'indicatif, le conditionnel, l'impératif, le subjonctif et l'infinitif.

51. L'indicatif exprime l'action, l'état et la possession d'une manière absolue : *j'écris. vous sortirez, ils ont marché.* Ce mode a huit temps qui sont : le *présent,* l'*imparfait,* le *passé défini,* le *passé indéfini,* le *passé antérieur,* le *plus-que-parfait,* le *futur* et le *futur antérieur.*

52. Le *conditionnel* exprime l'action, l'état et la possession moyennant une condition : je *lirais* si j'avais un livre. Ce mode a deux temps : un *présent* et un *passé* qui s'exprime de deux manières

53. L'*impératif* exprime l'action, l'état et la possession avec commandement ou prière. Il n'a qu'un seul temps, le *présent* : *fais* ton devoir, *écrivez*, *apporte* ton livre.

54. Le *subjonctif* exprime l'action, l'état ou la possession d'une manière subordonnée et dépendante d'un verbe qui précède : je désire que *vous soyez* sages. Ce mode a quatre temps : le *présent*, l'*imparfait*, le *passé* et le *plus-que-parfait*.

55. L'*infinitif* exprime l'action, l'état ou la possession d'une manière générale sans nombre ni personne : *Naître, souffrir et mourir*, voilà toute la vie. Ce mode a quatre temps : le *présent*, le *passé*, le *participe présent* et le *participe passé*.

56 Le verbe est toujours de la même personne et du même nombre que son sujet. Exemple : *Antoine écrira une lettre; écrira* est un verbe à la troisième personne du singulier, parce que *Antoine*, son sujet, est de la troisième personne et du singulier *(a)*.

57. Le verbe *être* et le verbe *avoir* sont appelés *verbes auxiliaires*, parce qu'ils aident à conjuguer les autres verbes.

L'auxiliaire *être* sert à conjuger les temps composés : 1° de quelques verbes neutres (ceux dont le participe est variable), *je suis arrivé* ; 2° de tous les verbes pronominaux, *je me suis disputé* ; 3° de quelques verbes impersonnels qui peuvent être personnels, *il est arrivé que*, etc.

Il sert aussi à conjuguer tous les temps de tous les verbes passifs, *je suis volé, j'étais volé*.

L'auxiliaire *avoir* sert à conjuguer les temps composés :

(a) Si le verbe a plusieurs sujets singuliers, il se met au pluriel. Si les sujets sont des différentes personnes, on met le verbe à la plus noble qui est la 1re, puis 2me et 3me.

1° des deux auxiliaires, *j'ai été*, *j'ai eu* ; 2° des verbes actifs, *j'ai aimé* ; 3° des verbes neutres dont le participe est invariable, *j'ai donné* ; 4° de presque tous les verbes impersonnels, *il a plu.*

58. Les verbes qui ont un régime direct, et après lesquels on peut placer *quelqu'un* ou *quelque chose*, comme *aimer, consoler, voir, saisir, prendre*, sont appelés *verbes actifs* ; ceux au contraire qui n'ont pas de régime direct, et après lesquels on ne peut pas placer *quelqu'un* ou *quelque chose*, sont appelés *verbes neutres*, tels que *dormir, éternuer, agir, marcher.*

59. Les verbes qui présentent le sujet comme recevant l'effet d'une action produite par un autre sujet, s'appellent *verbes passifs.* Dans cette phrase : *Mon maître* EST AIMÉ *de moi* ; le sujet *maître* reçoit l'effet de l'action faite par *moi.* Tout verbe actif peut se changer en passif.

60. Les verbes qui se conjuguent avec deux pronoms de la même personne s'appellent *verbes pronominaux*, comme *nous nous lerons, Louis se bat.*

61. Les verbes qui ne se conjuguent qu'à la troisième personne du singulier, s'appellent *verbes impersonnels*, comme *il pleut, il neige* (a).

Réciter de suite tous les modes d'un verbe avec tous leurs temps, leurs nombres et leurs personnes, c'est ce qu'on appelle conjuguer.

62. Les verbes terminés à l'infinitif présent par ER, comme *aimer*, appartiennent à la *première conjugaison* ; ceux terminés en IR, comme *finir*, appartiennent à la *deuxième* ; ceux terminés en OIR, comme *recevoir*, appartiennent à la *troisième* ; ceux terminés en RE, comme *rendre*, appartiennent à la *quatrième.*

(a) Certains verbes, tels que *importer, résulter, convenir*, etc., sont regardés comme verbes impersonnels lorsque *il*, employé avec un sens vague, en est le sujet.

On appelle temps simple d'un verbe celui qui se conjugue sans emprunter un des temps du verbe être ou du verbe avoir : *je lirai, j'écrirai ;* et temps composé celui qui emprunte un des temps du verbe être ou du verbe avoir : *j'ai lu, j'aurai lu.*

Le verbe précédé de l'auxiliaire devient participe.

Nous donnons ici un tableau-modèle des quatre conjugaisons. Le radical des verbes, qui est la partie invariable dans tous les modes, les temps, les personnes et les nombres des verbes, y est en caractère romain. La terminaison, qui est la partie finale variable selon les modes, les temps, les personnes et les nombres des verbes, y est désignée en lettres italiques. Ainsi, pour le verbe aimer, les trois premières lettres AIM *forment le radical, et* ER *la terminaison.*

Pour faire arriver les élèves à la connaissance de la conjugaison des verbes, il faut : 1° *faire réciter, ensuite écrire par ordre les modes et les temps d'un verbe. Exemple :* Mode indicatif, présent, imparfait, passé défini, etc. ; 2° *ajouter la signification des modes et des temps :* indicatif présent maintenant, imparfait autrefois, passé défini hier, passé indéfini ce matin, etc.; 3° *faire conjuguer jusqu'à parfaite connaissance chacun des verbes du tableau, en commençant par l'auxiliaire être ;* 4° *enfin, lorsque les élèves posséderont la conjugaison des six verbes modèles placés sur le tableau qui suit, on exerce leur intelligence en faisant conjuguer ces mêmes verbes à certaines personnes seulement, par exemple, le verbe* aimer *à la 3ᵐᵉ personne du singulier de chaque temps, l'élève dira ou écrira :* indicatif présent, il aime ; imparfait, il aimait ; passé défini, il aima ; *etc.*

Pour habituer les élèves à faire les liaisons et leur rendre sensibles les finales des verbes, on doit souvent leur faire conjuguer des verbes suivis d'un mot qui commence par une voyelle : je suis étourdi, tu es étourdi, il est étourdi, nous sommes étourdis, vous êtes étourdis, elles sont étourdies. J'aime Etienne, tu aimes Etienne, *etc.*

On peut dès à présent faire analyser aux élèves de petites phrases renfermant les espèces de mots dont ils connaissent les définitions, ayant soin de leur faire dire pourquoi tel ou tel mot est substantif, article, adjectif, etc. Cette manière d'analyser avec raisonnement sert de questionnaire.

Tableau-Modèle des deux Auxiliaires et des quatre Conjugaisons.

AUXILIAIRES.

63. *(Premier Mode.)* **INDICATIF** PRÉSENT. (Maintenant.) *Temps simple.*

PRONOMS.	ÊTRE.			AVOIR.		1re CONJUG.	2me CONJUG.	3me CONJUG.	4me CONJUG.
Je (a)	suis	sage.		ai	un sou.	aime.	finis.	reçois.	rends.
Tu	es			as		aimes.	finis.	reç. is.	rends.
Il *ou* elle	est			a		aime.	finit.	reçoit.	rend.
Nous	sommes		sages.	avons		aimons.	finissons.	recevons.	rendons.
Vous	êtes			avez		aimez.	finissez.	recevez.	rendez.
Ils *ou* elles	sont			ont		aiment.	finissent.	reçoivent.	rendent.

64. **IMPARFAIT.** (Autrefois, à telle époque.) *Temps simple.*

PRONOMS.	ÊTRE.			AVOIR.		1re CONJUG.	2me CONJUG.	3me CONJUG.	4me CONJUG.
Je	étais	sage.		avais	un sou.	aimais.	finissais.	recevais	rendais.
Tu	étais			av is		aimais.	finissais.	recevais.	rendais.
Il *ou* elle	était			avait		aimait.	finissait.	recevait.	rendait.
Nous	étions		sages.	avions		a mions.	finissions.	recevions.	rendions.
Vous	étiez			aviez		aimiez.	finissiez.	receviez.	rendiez.
Ils *ou* elles	étaient			avaient		aimaient.	finissaient.	recevaient.	rendaient.

(a) *Je* et *que* perdent *e* quand le verbe commence par une voyelle.

65. PASSÉ DÉFINI. (Hier, l'an passé.) *Temps simple.*

	être (sage. sages.)	avoir (un sou.)	aimer	finir	recevoir	rendre
Je	fus	eus	aimai.	finis.	reçus.	rendis.
Tu	fus	eus	aimas.	finis.	reçus.	rendis.
Il *ou* elle	fut	eut	aima.	finit.	reçut.	rendit.
Nous	fûmes	eûmes	aimâmes.	finîmes.	reçûmes.	rendîmes.
Vous	fûtes	eûtes	aimâtes	finîtes.	reçûtes.	rendîtes.
Ils *ou* elles	furent	eurent	aimèrent.	finirent.	reçurent.	rendirent.

66. PASSÉ INDÉFINI. (Ce matin, cette année.) *Temps composé.*

	été.	eu un sou.	aimé.	fini.	reçu.	rendu.
Je	ai	ai	ai	ai	ai	ai
Tu	as	as	as	as	as	as
Il *ou* elle	a	a	a	a	a	a
Nous	avons	avons	avons	avons	avons	avons
Vous	avez	avez	avez	avez	avez	avez
Ils *ou* elles	ont	ont	ont	ont	ont	ont

67. PASSÉ ANTÉRIEUR. (Quand.) *Temps composé.*

	été.	eu un sou.	aimé.	fini.	reçu.	rendu.
Je	eus	eus	eus	eus	eus	eus
Tu	eus	eus	eus	eus	eus	eus
Il *ou* elle	eut	eut	eut	eut	eut	eut
Nous	eûmes	eûmes	eûmes	eûmes	eûmes	eûmes
Vous	eûtes	eûtes	eûtes	eûtes	eûtes	eûtes
Ils *ou* elles	eurent	eurent	eurent	eurent	eurent	eurent

68. PLUS-QUE-PARFAIT. (Avant telle époque.) *Temps composé.*

		été.		eu un sou.		aimé.		fini.		reçu.		rendu.
Je	avais		avais		avais		avais		avais		avais	
Tu	avais		avais		avais		avais		avais		avais	
Il *ou* elle	avait		avait		avait		avait		avait		avait	
Nous	avions		avions		avions		avions		avions		avions	
Vous	aviez		aviez		aviez		aviez		aviez		aviez	
Ils *ou* elles	avaient		avaient		avaient		avaient		avaient		avaient	

69. FUTUR SIMPLE. (Demain.) *Temps simple.*

		sage. sages.		un sou.					
Je	serai		aurai		aimerai.	finirai.	recevrai.	rendrai.
Tu	seras		auras		aimeras.	finiras.	recevras.	rendras.
Il *ou* elle	sera		aura		aimera.	finira.	recevra.	rendra.
Nous	serons		aurons		aimerons.	finirons.	recevrons.	rendrons.
Vous	serez		aurez		aimerez.	finirez.	recevrez.	rendrez.
Ils *ou* elles	seront		auront		aimeront.	finiront.	recevront.	rendront.

70. FUTUR ANTÉRIEUR. (Quand telle chose arrivera.) *Temps composé.*

		été.		eu un sou.		aimé.		fini.		reçu.		rendu.
Je	aurai		aurai		aurai		aurai		aurai		aurai	
Tu	auras		auras		auras		auras		auras		auras	
Il *ou* elle	aura		aura		aura		aura		aura		aura	
Nous	aurons		aurons		aurons		aurons		aurons		aurons	
Vous	aurez		aurez		aurez		aurez		aurez		aurez	
Ils *ou* elles	auront		auront		auront		auront		auront		auront	

71.   2ᵐᵉ Mode. CONDITIONNEL PRÉSENT. (Si telle chose arrivait.) Temps simple.

Je	serais	sage.	aurais	un sou.	aimerais.	finirais.	recevrais.	rendrais.
Tu	serais		aurais		aimerais.	finirais.	recevrais.	rendrais.
Il ou elle	serait		aurait		aimerait.	finirait.	recevrait.	rendrait.
Nous	serions	sages.	aurions		aimerions.	finirions.	recevrions.	rendrions.
Vous	seriez		auriez		aimeriez.	finiriez.	recevriez.	rendriez.
Ils ou elles	seraient		auraient		aimeraient.	finiraient.	recevraient.	rendraient.

72.   PASSÉ. (Si telle chose était arrivée.) Temps composé.

Je	aurais	été.	aurais	eu un sou.	aurais	aimé.	aurais	fini.	aurais	reçu.	aurais	rendu.
Tu	aurais		aurais		aurais		aurais		aurais		aurais
Il ou elle	aurait		aurait		aurait		aurait		aurait		aurait
Nous	aurions		aurions		aurions		aurions		aurions		aurions
Vous	auriez		auriez		auriez		auriez		auriez		auriez
Ils ou elles	auraient		auraient		auraient		auraient		auraient		auraient

73.   On dit aussi :   (Temps composé.)

Je	eusse	été.	eusse	eu un sou.	eusse	aimé.	eusse	fini.	eusse	reçu.	eusse	rendu.
Tu	eusses		eusses		eusses		eusses		eusses		eusses
Il ou elle	eût		eût		eût		eût		eût		eût
Nous	eussions		eussions		eussions		eussions		eussions		eussions
Vous	eussiez		eussiez		eussiez		eussiez		eussiez		eussiez
Ils ou elles	eussent		eussent		eussent		eussent		eussent		eussent

74. *Troisième Mode.* **IMPERATIF.** (Point de 1re personne du singulier, ni de 3me pour les deux nombres.) *Temps simple.*

Sois.	aie	un sou.	aime.	finis.	reçois.	rends.
Soyons.	ayons		aimons.	finissons.	recevrons.	rendons.
Soyez.	ayez		aimez.	finissez.	recevez.	rendez.

75. *Quatrième Mode.* **SUBJONCTIF** PRÉSENT OU FUTUR. (Il faut, il faudra.)
Temps simple.

Que (a)							
je	sois	sage.	aie	aime.	finisse.	reçoive.	rende.
tu	sois		aies	aimes.	finisses.	reçoives.	rendes.
il *ou* elle	soit		ait	aime.	finisse.	reçoive.	rende.
nous	soyons	sages.	ayons	aimi ns.	finissi ns.	recevrions.	rendions.
vous	soyez		ayez	aimiez.	finissiez.	receviez.	rendiez.
ils *ou* elles	soient		aient	aiment.	finissent.	reçoivent.	rendent.

76. **IMPARFAIT.** (Il fallait, il fallut, il faudrait, etc.) *Temps simple.*

Que							
je	fusse	sage.	eusse	aimasse.	finisse.	reçusse.	rendisse.
tu	fusses		eusses	aimasses.	finisses.	reçusses.	rendisses.
il *ou* elle	fût		eût	aimât.	finît.	reçût.	rendît.
nous	fussions	sages.	eussions	aimassions.	finissions.	reçussions.	rendissions.
vous	fussiez		eussiez	aimassiez.	finissiez.	reçussiez.	rendissiez.
ils *ou* elles	fussent		eussent	aimassent.	finissent.	reçussent.	rendissent.

(a) *Que* perd *e* devant il, elle; ils, elles.

77.

PASSÉ. (Il faut.) *Temps composé.*

Que	été.	eu un sou.	aimé.	fini.	reçu.	rendu.
je	aie	aie	aie	aie	aie	aie
tu	aies	aies	aies	aies	aies	aies
il *ou* elle	ait	ait	ait	ait	ait	ait
nous	ayons	ayons	ayons	ayons	ayons	ayons
vous	ayez	ayez	ayez	ayez	ayez	ayez
ils *ou* elles	aient	aient	aient	aient	aient	aient

78.

PLUS-QUE-PARFAIT. (Il aurait fallu.) *Temps composé.*

Que	été.	eu un sou.	aimé.	fini.	reçu.	rendu.
je	eusse	eusse	eusse	eusse	eusse	eusse
tu	eusses	eusses	eusses	eusses	eusses	eusses
il *ou* elle	eût	eût	eût	eût	eût	eût
nous	eussions	eussions	eussions	eussions	eussions	eussions
vous	eussiez	eussiez	eussiez	eussiez	eussiez	eussiez
ils *ou* elles	eussent	eussent	eussent	eussent	eussent	eussent

79.

Cinquième Mode. **INFINITIF** PRÉSENT. *Temps simple.*

Etre.	Avoir.	Aimer.	Finir.	Recevoir.	Rendre.

PASSÉ. *Temps composé.*

Avoir été.	Avoir eu.	Avoir aimé.	Avoir fini.	Avoir reçu.	Avoir rendu.

PARTICIPE PRÉSENT. *Temps simple.*

Etant.	Ayant.	Aimant.	Finissant.	Recevant.	Rendant.

PARTICIPE PASSÉ. *Temps simple.*

Eté.	Eu.	Aimé.	Fini.	Reçu.	Rendu.
Ayant été.	Ayant eu.	Ayant aimé.	Ayant fini.	Ayant reçu.	Ayant rendu.

CONJUGAISON DES VERBES PASSIFS.

80. La conjugaison des verbes passifs n'est pas autre chose que celle du verbe être, auquel on ajoute le participe passé du verbe actif.

Indicatif présent : Je suis aimé *(e)*; tu es aimé *(e)*; il ou elle est aimé *(e)*; nous sommes aimés *(e)*, etc.

CONJUGAISON DES VERBES PRONOMINAUX.

81. Les verbes pronominaux n'ont point de conjugaison qui leur soit particulière. Dans les temps simples, à part les deux pronoms, dont l'un est sujet, l'autre régime, qui sont devant, ils se conjuguent comme les verbes de la conjugaison à laquelle ils appartiennent; et dans les temps composés, ils prennent l'auxiliaire être.

Indicatif présent (temps simple) : Je me promène, tu te promènes, il se promène, nous nous promenons, etc. *Passé indéfini* (temps composé) : Je me suis promené, tu t'es promené, etc.

82. Il est inutile de donner la conjugaison des verbes neutres qui ne diffère pas de celle des verbes actifs. Il y a à peu près six cents verbes neutres dans notre langue : plus de cinq cents se conjuguent dans leurs temps composés avec l'auxiliaire avoir, et les autres avec l'auxiliaire être.

REMARQUES SUR LA 1ʳᵉ CONJUGAISON.

83. Tout verbe de la première conjugaison, qui a deux voyelles avant l'*r* final au présent de l'infinitif, comme *prier, créer, châtier, payer, rayer*, est toujours terminé par un *e* muet à la première et à la troisième personne singulier du présent de l'indicatif et du présent du subjonctif : *je* PRIE, *il* CRÉE, *que je* CHATIE, *qu'il* PAIE, ainsi qu'à la deuxième personne du singulier de l'impératif : RAIE *tes pages*.

Ces mêmes verbes prennent *e* au futur simple et au conditionnel présent devant la dernière syllabe : *je* CHATIERAI, *tu* CHATIERA'S.

84. Les verbes terminés à l'infinitif présent par *eler* ou *eter*, comme *appeler, jeter*, doublent le L ou le T devant un *e* muet : *il appelle, que je jette*.

Dans les verbes terminés au présent de l'infinitif par *ier* ou *yer*, comme *prier, payer*, on ajoute un *i* devant *ons* ou *ez*, à la première et à la deuxième personne pluriel de l'imparfait de l'indicatif et du subjonctif présent : *nous priions, que vous payiez*

Dans ceux terminés au présent de l'infinitif par *yer*, comme *rayer*, on remplace *y* par un *i* devant un *e* muet : *ils raient, elle paie.*

ORTHOGRAPHE DES VERBES.

85. 1° La première personne du singulier est terminée par *s* : *je vois, je buvais*, excepté quand cette personne est terminée par *e* ou par *ai* : *je mange, je prendrai (ai* se prononce comme *é).*

2° La deuxième personne du singulier est toujours terminée par *s* : *tu aimes, tu cherches*, excepté à l'impératif quand cette personne est terminée par un *e* muet : *ouvre* et *ferme* la porte.

3° La troisième personne du singulier est terminée par *t* : *il reçoit, elle aimait*, excepté quand cette personne est terminée par *e* ou par *a* : *il écoute, il écoutera (a).*

86. 4° La première personne du pluriel est toujours terminée par *s* : *nous devons, nous dîmes.*

5° La deuxième personne du pluriel est terminée par *z* : *vous aimez, vous aimerez*, excepté quand la dernière syllabe est muette : *vous aimâtes, vous dîtes.*

6° La troisième personne du pluriel est terminée par *ent* : *ils aiment, elles vendaient*, excepté quand cette personne est terminée par *ont* : *ils finiront, elles vont.*

7° On met un accent circonflexe sur la première et sur la deuxième personne du pluriel du passé défini : *nous fûmes, vous eûtes, vous sortîtes, nous dîmes;* et sur la troisième personne du singulier de l'imparfait du subjonctif : *qu'il eût, qu'elle fût, qu'il chantât.*

(*a*) La troisième personne du singulier de l'imparfait du subjonctif, quoique terminée par *a*, prend un *t* : *qu'il aimât.*

TABLEAU SYNOPTIQUE DES TERMINAISONS DES TEMPS SIMPLES DES QUATRE CONJUGAISONS.

INDIC. PRÉS.

	1ʳᵉ	2ᵉ	3ᵉ	4ᵉ
Je	aime.	finis.	reçois.	rends.
Tu	aimes.	finis.	reçois.	rends.
Il	e.	t.	oit.	
Nous	ons.	ssons.	evons.	ons.
Vous	ez.	ssez.	evez.	ez.
Ils	ent.	ssent.	oivent.	ent.

IMPARFAIT.

	1ʳᵉ	2ᵉ	3ᵉ	4ᵉ
Je	ais.	ssais.	evais.	ais.
Tu	ais.	ssais.	evais.	ais.
Il	ait.	ssait.	evait.	ait.
Nous	ions.	ssions.	evions.	ions.
Vous	iez.	ssiez.	eviez.	iez.
Ils	aient.	ssaient.	evaient.	aient.

PASSÉ DÉFINI.

	1ʳᵉ	2ᵉ	3ᵉ	4ᵉ
Je	ai.	s.	us.	is.
Tu	as.	s.	us.	is.
Il	a.	t.	ut.	it.
Nous	âmes.	mes.	ûmes.	îmes.
Vous	âtes.	tes.	ûtes.	îtes.
Ils	èrent.	rent.	urent.	irent.

FUTUR SIMPLE.

	1ʳᵉ	2ᵉ	3ᵉ	4ᵉ
Je	erai.	rai.	evrai.	rai.
Tu	eras.	ras.	evras.	ras.
Il	era.	ra.	evra.	ra.
Nous	erons.	rons.	evrons.	rons.
Vous	erez.	rez.	evrez.	rez.
Ils	eront.	ront.	evront.	ront.

CONDIT. PRÉS.

	1ʳᵉ	2ᵉ	3ᵉ	4ᵉ
Je	erais.	rais.	evrais.	rais.
Tu	erais.	rais.	evrais.	rais.
Il	erait.	rait.	evrait.	rait.
Nous	erions.	rions.	evrions.	rions.
Vous	eriez.	riez.	evriez.	riez.
Ils	eraient.	raient.	evraient.	raient.

IMPÉR.

	1ʳᵉ	2ᵉ	3ᵉ	4ᵉ
	e.	s.	ois.	s.
	ons.	ssons.	evons.	ons.
	ez.	ssez.	evez.	ez.

SUBJ. PRÉS.

	1ʳᵉ	2ᵉ	3ᵉ	4ᵉ
Q. je	e.	sse.	oive.	e.
Q. tu	es.	sses.	oives.	es.
Q. il	e.	sse.	oive.	e.
Q. nous	ions.	ssions.	evions.	ions.
Q. vous	iez.	ssiez.	eviez.	iez.
Qu'ils	ent.	ssent.	oivent.	ent.

SUITE du tableau synop.	IMPARFAIT				
	Q. je	asse.	sse.	usse,	isse.
	Q. tu	asses.	sses.	usses.	isses.
	Q. il	ât.	t.	ût.	ît.
	Q. nous	assions.	ssions.	ussions.	issions.
	Q. vous	assiez.	ssiez.	ussiez.	issiez.
	Q. ils	assent.	ssent.	ussent.	issent.

87. On appelle verbes irréguliers ceux qui ne suivent pas exactement un des modèles des quatre conjugaisons.

Voici les verbes irréguliers dont on se sert le plus souvent :

PREMIÈRE CONJUGAISON.

Aller, fait au présent de l'indicatif : Je vais, etc.; nous allons, etc.

Envoyer, fait au présent de l'indicatif : J'envoie, etc.; au futur : j'enverrai, etc.; au conditionnel : j'enverrais, etc.

DEUXIÈME CONJUGAISON.

88. *Acquérir*, fait indicatif : J'acquiers, etc., nous acquérons, etc.; futur : j'acquerrai, etc.; conditionnel : j'acquerrais, etc.

Bo· illir. Indicatif : Je bous, etc., vous bouillez.

Courir. Indicatif : je cours ; futur : je courrai, etc.; conditionnel, je courrais, etc.

Cueillir. Indicatif : Je cueille, etc., nous cueillons.

Haïr. Indicatif : Je hais, etc.; nous haïssons, etc.

Mourir. Indicatif : Je meurs, etc., nous mourrons; futur : je mourrai, etc.; conditionnel : je mourrais, etc.

Tenir. Indicatif : Je tiens, etc.; futur : je tiendrai, etc.; subjonctif : que je tienne, etc.; imparfait : que je tinsse, etc.

Vêtir. Indicatif : Je vêts, etc.; passé défini : je vêtis.

TROISIÈME CONJUGAISON.

89. *Asseoir.* Indicatif : Je m'assieds, etc., nous nous asseyons, etc.; futur : je m'assiérai ou je m'asseyerai, etc.; conditionnel : je m'assiérais ou je m'asseyerais, etc.; que je m'asseye, etc.; que je m'assisse.

Mouvoir. Indicatif : Je meus, etc., nous mouvons, etc.

Pouvoir. Indicatif : Je peux ou je puis, etc.; futur : je pourrai, etc.; conditionnel : je pourrais, etc.; subjonctif, que je puisse; que je pusse.

Prévaloir. Indicatif : Je prévaux, etc.; nous prévalons.

Savoir. Indicatif : Je sais, etc.; passé défini : je sus, etc.; impératif : sache, etc.

Valoir. Indicatif : Je vaux, etc., nous valons, etc.

Vouloir. Indicatif : Je veux, etc.

QUATRIÈME CONJUGAISON.

90. *Absoudre.* Indicatif : J'absous, etc., nous absolvons, etc.

Battre. Indicatif : Je bats, etc.; nous battons, etc.

Coudre. Indicatif : Je couds, etc., nous cousons, etc.

Croître. Indicatif : Je crois, etc., nous croissons; **passé** défini : je crûs, etc.; participe : crû.

Dire. Indicatif : Je dis, etc., nous disons, etc., vous dites, etc.

Mettre. Indicatif : Je mets, etc.; nous mettons, etc.

Moudre. Indicatif : Je mouds, etc., nous moulons, etc.

Naître. Indicatif : Je nais; passé défini : je naquis, etc.; participe : né.

Résoudre. Indicatif : Je résous, etc., nous résolvons.

Lorsque les élèves connaissent la conjugaison des verbes neutres, pronominaux et irréguliers, on les fait exercer sur le troisième tableau d'exercices orthographiques. (Voir l'explication de ce tableau.)

DU PARTICIPE.

91. Le *participe* est un mot qui exprime une action comme le verbe, et qui qualifie comme l'adjectif.

Il y a deux sortes de participes, le participe *présent* et le participe *passé.*

92. Le participe *présent* exprime une action faite par le substantif ou le pronom auquel il se rapporte. Il est toujours terminé en *ant* et ne change jamais de terminaison : un homme *lisant,* des femmes *lisant.*

93. *Remarque.* Il ne faut pas confondre le participe présent avec l'*adjectif verbal* qui lui ressemble et qui change de terminaison. Il en diffère en ce que l'adjectif verbal exprime l'état et la qualité du substantif ou du pronom auquel il se rapporte. On peut le faire précéder des mots QUI EST TRÈS ou QUI SONT TRÈS. Exemple : des enfants *entrant* et *sortant* de l'école. Les mots *entrant* et *sortant* sont des participes présents, parce qu'ils expriment l'action d'entrer et de sortir, et qu'on ne peut pas dire des enfants QUI SONT TRÈS *entrant* et TRÈS *sortant* de l'école. *On aime les enfants* AIMANTS et OBLIGEANTS. *Aimants et obligeants* sont des adjectifs verbaux, parce qu'ils expriment l'état et la qualité du substantif *enfants*, et que l'on peut dire : les *enfants* QUI SONT TRÈS *aimants* et *obligeants*.

94. Le participe *passé* a diverses terminaisons, comme *chanté, fini, reçu, eu, rendu*, et est sujet à plusieurs changements. Un devoir *fini*, des devoirs *finis*.

95. **1re Règle.** Le participe *passé*, employé seul ou précédé de l'auxiliaire *être*, s'accorde avec son sujet. Exemple : *ces enfants* AIMÉS *et* CHÉRIS *seront* REÇUS *dans l'école*. Les participes *aimés, chéris* et *reçus*, sont masculin pluriel, parce qu'étant employés seuls ou précédés de l'auxiliaire *être*, ils doivent s'accorder avec leur sujet qui est *enfants*.

96. **2me Règle.** Le participe passé, précédé de l'auxiliaire *avoir*, s'accorde avec son régime direct quand ce régime est placé devant lui. Au contraire, le participe est invariable s'il n'a pas de régime direct, ou si le régime est placé après le participe. Exemple : *j'ai* DICTÉ *et* CORRIGÉ *les* LETTRES *que tu as* LUES *et* REMISES *à Louis*. Les participes *dicté, corrigé*, sont invariables, parce que leur régime direct *lettres* est après ; au contraire, les participes *lues, remises*, sont féminin pluriel, parce qu'ils s'accordent avec leur régime direct *lettres* qui est avant.

97. Dans les verbes *pronominaux*, l'auxiliaire *être* étant employé pour l'auxiliaire *avoir*, le participe suit la deuxième règle.

DE L'ADVERBE.

98. *L'adverbe* est un mot invariable qui sert à modifier un verbe, un adjectif ou un autre adverbe.

Si je dis : *cette fille est assez malheureuse ; elle chanta hier passablement bien*. Le mot *assez* est un adverbe qui modifie l'adjectif *malheureuse* ; *hier* est un adverbe qui modifie le verbe *chanta* ; *passablement* et *bien* sont deux adverbes qui se modifient l'un et l'autre.

99. Voici les adverbes les plus usités :

Auprès, au ant, aussi, auparavant, aujourd'hui, alors, assez, bien, bientôt, beaucoup dessus, d'abord, davantage, demain, désormais, dedans, dehors, enfin, ensuite, ensemble, fort, guère, hier, jamais, jadis, ici, loin, maintenant, mieux, moins, peu, plus, toujours, très, trop, souvent, volontiers, etc.

100. On appelle *locution adverbiale* deux ou trois mots réunis qui ont la signification d'un adverbe, comme : *à dessein, au hasard, en vérité, à propos, long-temps, sans cesse,* etc.

DE LA PRÉPOSITION.

101. La *préposition* est un mot invariable qui sert à marquer le rapport d'un mot avec un autre.

Ainsi, *dans aller à la campagne,* le mot A est une préposition qui marque que c'est à la campagne que l'action d'aller se rapporte. *Entrer dans la maison,* le mot DANS marque que l'action d'entrer se rapporte à la maison.

102. Voici les prépositions les plus usitées :

A, après, attendu, avant, avec, contre, chez, de, dans, depuis, derrière, dès, devant, durant, envers, excepté, en, entre, hors, malgré, moyennant, nonobstant, par, parmi, pendant, pour, sans, selon, sous, sauf, suivant, sur, vers voici, voilà, etc.

103. On appelle *locution prépositive* deux ou trois mots réunis qui font l'office d'une préposition, comme : *à l'égard de, à la faveur de, à la réserve de, auprès de,* etc.

DE LA CONJONCTION.

104. La *conjonction* est un mot invariable qui sert à lier deux membres de phrase ou deux phrases ensemble.

Si je dis : *Pierre et Paul marchent,* le mot ET est une conjonction qui sert à lier les deux substantifs Pierre, et **Paul**. *La fortune aide* MAIS *elle ne donne pas le bonheur*, le mot MAIS sert à lier la phrase *la fortune aide* avec l'autre phrase, *elle ne donne pas le bonheur*.

105. Voici les principales conjonctions :

Ainsi, car, cependant, comme, donc, d'ailleurs, enfin, et, lorsque, mais, ni, néanmoins, on, or, pourtant, puisque, que, quand, quoique, si, sinon, soit, toutefois, etc.

106. On appelle *locution conjonctive* deux ou trois mots réunis qui font l'office d'une conjonction, comme : *afin que, ainsi que, à moins que, en cas que, de peur que, jusqu'à ce que, tandis que*, etc.

DE L'INTERJECTION.

107. L'*interjection* est un mot invariable qui sert à exprimer les mouvements subits de l'âme, comme la joie, l'admiration, etc.

Les principales interjections sont :
Ah! ron! bien! pour marquer la joie.
Ah! oh! pour marquer l'admiration.
Ah! hélas! aye! ouf! pour marquer la **douleur**.
Ha! pour marquer la surprise.
Ha! hé! pour marquer la crainte.
Fi! fi! donc! pour marquer l'aversion.
Chut! paix! pour imposer silence.
Hola! hé! pour appeler.
Eh bien? pour interroger.

RÉCAPITULATION SUR LA CONCORDANCE ET SUR L'ORTHOGRAPHE DES DIX PARTIES DU DISCOURS, POUR AIDER A LA MÉMOIRE DES ÉLÈVES.

108. Le *substantif* gouverne les mots qui le déterminent, qui le qualifient, et le pronom qui le remplace.

Le *pronom*, qui est gouverné par le substantif dont il tient la place, gouverne lui-même l'adjectif qui le qualifie.

Le *sujet* gouverne le verbe et le participe passé précédé de l'auxiliaire être.

Le *régime* direct gouverne le participe précédé de l'auxiliaire avoir.

Le *participe présent*, l'*adverbe*, la *préposition*, la *conjonc-tion* et l'*interjection* sont des mots indépendants.

109. Le *substantif* s'écrit avec une lettre capitale s'il est propre, et il change de terminaison au pluriel.

L'*adjectif* a une terminaison particulière pour le féminin et une autre pour le pluriel.

Le *verbe* est terminé selon le mode, le temps et la personne que l'on emploie.

Le *participe passé* prend toujours un *e* muet au féminin et une *s* au pluriel.

L'*article*, les *adjectifs déterminatifs* et le *pronom* sont généralement invariables.

Le *participe présent*, l'*adverbe*, la *préposition*, la *conjonc-tion* et l'*interjection* sont invariables et ne changent pas de terminaison.

REMARQUES SUR LES SUBSTANTIFS.

110. Les *substantifs* qui ne changent pas au pluriel sont : anis, anus, brebis, bois, bras, cours, choix, crucifix, croix, corps, chassis, discours, décès, devis, dais, fonds, flux, fils, fois, gaz, héros, lambris, legs, laps, laquais, logis, mépris, mets, mœurs, matelas, mois, nez, noix, puits, palais, pays, poids (pesanteur), pois (légume), poix, perdrix, paix, prix, panaris, paradis, riz, relais, remords, repos, rais, secours, sonnez, souris, sens, temps, taux, voix, velours, vers.

111. Le substantif *œil* fait *yeux* au pluriel, *ciel* fait *cieux*, *aïeul aïeux*, *bétail bestiaux*, *ail aulx*.

Les *substantifs* empruntés des langues étrangères ne prennent ordinairement pas la marque du pluriel : *des* PATER *et des* AVE.

112. Les *substantifs* propres ne prennent pas la terminaison du pluriel, à moins qu'ils ne soient employés comme qualifi-catifs. *Les deux* RACINE *sont nés*, *les* CORNEILLES *sont rares* (c'est-à-dire les hommes semblables à Corneille).

Certains substantifs, tels que *faim, pauvreté, or*, etc., n'ont pas de pluriel. D'autres n'ont point de singulier : *les* FUNÉ-RAILLES *sont accompagnées de* PLEURS.

113. Les substantifs composés de plusieurs mots unis par un trait d'union sont variables ou invariables.

Si les mots qui les composent sont des *substantifs* ou des *adjectifs*, ils prennent la marque du pluriel : *des choux-fleurs, des petits-pâtés, des belles-mères*.

114. Si les mots sont séparés par une préposition, le premier seul prend la marque du pluriel : *des ciels-de-lit, des arcs-en ciel*.

Si l'un des deux mots qui servent à les former n'est ni substantif, ni adjectif, il reste invariable : *des passe-partout, des avant coureur.*

On ne met point l'article immédiatement devant un nom propre ; ainsi on ne dit pas : *la Marie et la Suzanne sont entrées*, mais *Marie et Suzanne*, etc.

REMARQUES SUR L'ADJECTIF.

115. *Vingt* et *cent* prennent une s au pluriel s'ils ne sont pas suivis d'un adjectif numéral : *quatre-VINGTS soldats et quatre-CENTS prisonniers, huit CENT quatre-VINGT-sept francs.*

116. On écrit *mil* pour marquer la date des années : *l'an MIL huit cent quarante-neuf*, et partout ailleurs, *mille* qui ne prend point de s : *sept MILLE francs.*

Mille, mesure de longueur, est substantif et prend la marque du pluriel : *les MILLES d'Allemagne.*

117. *Feu* est variable lorsqu'il précède immédiatement le substantif : *la FEUE reine, FEU votre mère.*

Nu, demi, supposé, excepté ne sont variables que lorsqu'ils sont placés après le substantif : *aller pieds NUS pendant une DEMI-heure, aller NU pieds pendant une heure et DEMIE.*

118. *Même* est toujours adjectif quand il est suivi d'un substantif ou qu'il est précédé d'un pronom : *j'ai vu les MÊMES hommes, je veux parler à vous-MÊMES.*

Même est adverbe : 1° lorsqu'il est précédé de plusieurs substantifs : *les hommes, les femmes, les enfants MÊME entraient dans l'église* ; 2° lorsqu'il modifie un verbe : *avant de mourir, il prononça MÊME votre nom.*

119. *Tout* est adjectif, ou substantif, ou pronom indéfini, ou adverbe :

1° *Tout*, adjectif, signifie la totalité : *tout le monde, toute la terre, toutes les plantes.*

2° *Tout*, substantif, signifie une chose qui a des parties : *diviser un TOUT en plusieurs parties.*

3° *Tout*, pronom indéfini, signifie toute chose : *j'ai TOUT entendu, TOUT vu et TOUT répété.*

4° *Tout*, adverbe, signifie entièrement, complétement, sans exception, sans réserve : *il est TOUT malade, du vin TOUT pur.*

Tout, quoique adverbe, est variable avant un adjectif féminin qui commence par une consonne ou un *h* aspirée : *des femmes TOUTES pénétrées de douleur, de l'eau-de-vie TOUTE pure, elles sont TOUTES honteuses.*

120. *Quelque* est adjectif ou adverbe ; il est adjectif quand il précède un substantif ou un adjectif : *j'ai vu* QUELQUES *élèves,* QUELQUES *grands écrivains ont traité ce sujet*

Quelque est adverbe quand il précède un adjectif, un participe ou un adverbe suivi de *que* : QUELQUE *sage,* QUELQUE *préoccupé qu'il soit,* QUELQUE *bien qu'il se conduise*

121. *Quelque* joint au verbe être s'écrit en deux mots : *quel que* La première partie *quel* est adjectif et s'accorde avec le substantif qui suit ou qui précède : QUELLES QUE *soient vos connaissances,* QUEL QUE *soit votre mérite.*

REMARQUES SUR LE PRONOM.

122 *Vous* employé pour *tu* veut le verbe au pluriel, mais l'adjectif et le participe suivant restent au singulier : *mon enfant,* vous serez *estimé si* vous *êtes sage.*

Le ne change pas quand il tient la place d'un adjectif; ainsi, une femme à qui l'on demanderait si elle est malade devrait répondre : *Oui, je* LE *suis* et non pas *je* LA *suis.*

123. *Le* fait *la* au féminin et *les* au pluriel lorsqu'il tient la place du substantif. Exemples : *Êtes-vous la servante? Oui, je* LA *suis. Êtes vous élèves du lycée? Oui, nous* LES *sommes.*

Qui, pronom relatif, est toujours du même genre et du même nombre que le substantif ou le pronom dont il rappelle l'idée. On dit : *moi qui suis, toi qui es, lui qui est, nous qui sommes eux qui sont*

124. Lorsque deux pronoms, dont l'un est régime direct, l'autre régime indirect, sont placés après le verbe, celui qui est régime direct doit s'énoncer le premier : *vendez* LE-MOI, *prenez* LE-LUI, *cédez* LES-NOUS.

125. *A qui de qui* ne se disent que des personnes : *l'homme* A QUI *je me suis confié, l'ami* DE QUI *vous m'avez parlé.*

Lorsqu'il s'agit de noms de choses, on remplace ces mots par *auquel, dont, laquelle, lequel,* etc. : *l'image* DONT *vous m'avez parlé, l'étude* A LAQUELLE *je me livre, l'arbre sur* LEQUEL *est le nid.*

126. *Celui-ci* représente la personne ou l'objet dont on a parlé en dernier lieu : *celui-là* désigne la personne ou la chose dont on a parlé en premier lieu : *Paul et Pierre sont d'un caractère bien différent :* CELUI CI (Pierre) *est aimable,* CELUI-LA (Paul) *est capricieux.*

Ceci désigne une chose plus proche que *cela.*

REMARQUES SUR LES VERBES.

127. Le *verbe* s'accorde avec le substantif collectif général et non avec le substantif qui suit : L'ARMÉE *des infidèles* FUT *entièrement détruite.*

Quand le collectif est partitif et qu'il est suivi d'un substantif pluriel, c'est avec ce substantif que le verbe s'accorde : *la plupart des* ÉLÈVES DEMANDENT *un congé.*

128. Lorsque deux verbes sont liés l'un à l'autre par une conjonction, si la phrase exprime une volonté, un commandement, un souhait, un doute, la peur, le second verbe se met au *subjonctif.* Exemple : *mon intention est que vous* SORTIEZ, *je veux que vous* ARRIVIEZ *de bonne heure.*

On emploie aussi le *subjonctif* après les conjonctions : afin que, pour que, quoique, à moins que, avant que, de peur que, de crainte que, pourvu que, etc., et dans un grand nombre de cas que l'usage fera connaître.

129. Si le premier verbe est au présent ou au futur de l'indicatif, on emploie le présent ou le passé du subjonctif, selon l'époque que l'on veut exprimer.

Je désire
Tu désires } que vous *sortiez* maintenant
Ils désireront } ou que vous *soyez sortis* demain.

Si le premier verbe est à l'un des autres temps, le second verbe se met à l'imparfait ou au plus-que-parfait du subjonctif.

Je désirais
Je désirai
J'ai désiré
J'eus désiré } que vous *sortissiez* maintenant
J'avais désiré } ou que vous *fussiez sortis* hier.
Je désirerais
J'aurais désiré

130. Quelque soit le temps du premier verbe, on met toujours le second au présent du subjonctif, lorsque l'état ou l'action exprimée par le verbe marque une chose permanente au moment où l'on parle : *Tu doutais que la terre* TOURNE.

131. Lorsque *ce* et le verbe *être* se trouvent avant *nous, vous* ou plusieurs *substantifs singuliers,* le verbe être ne doit pas se mettre au pluriel. Exemple : C'EST *l'image et le livre de Claude,* C'EST *nous qui,* C'EST *vous qui;* mais on peut dire : CE FURENT *les Français qui,* CE SONT *eux,* CE SONT *elles qui,* parce que *ce* et *être* sont suivis d'un substantif pluriel ou d'un pronom de la troisième personne du pluriel.

132. Le verbe n'est jamais terminé par *a* à la première personne ; on ne dit pas : *je mangea, je parla, je chanta,* mais *je mangeai, je parlai, je chantai.*

133. Dans les phrases où le sujet est placé après le verbe, ce qui a lieu lorsqu'il y a interrogation, on met, si le verbe est

terminé par une voyelle , un *t* , que l'on appelle lettre eupho-
nique, entre deux traits d'union, avant il, elle, on : *arrive-t il?*
viendra-t-elle ? apportera-t-on le dîner ?

REMARQUES SUR L'ORTHOGRAPHE USUELLE.

Quoique l'usage seul puisse apprendre l'orthographe usuelle,
il existe cependant quelques règles qui , sans être générales,
peuvent en faciliter l'étude :

1° Le son AN , ajouté à un mot, s'écrit par *en* : enfer,
entendu, empressé, ensuite, empoule.

2° La voyelle A. ajoutée à un mot, fait doubler la consonne:
apporter, attire, assiéger, accroire, attribut, etc.

Les consonnes *b* et *r* font exception à cette règle.

3° Pour reconnaître la terminaison du masculin des adjectifs
et des participes passés, on doit supprimer, par la pensée, la
finale du féminin : ainsi, *lourde* fait *lourd* au masculin, *vaine*
fait *vain*, *prudente prudent*, *sainte saint*, *haute haut*, *polie*
poli, *soufferte souffert*, *prédite prédit*, *prise pris*, *aimée aimé*.

4° En général, les adjectifs qui peuvent former un participe
présent sont terminés en *ant*, tels sont : *obligeant, dépendant,*
dominant, charmant, engageant, etc. ; s'ils ne peuvent pas
se changer en participe, ils se terminent par *ent* : *absent,*
influent, excellent, etc.

5° Le son o final s'écrit par *eau* s'il n'est pas précédé d'une
voyelle : *flambeau, chapeau, fourneau;* et par *au* si une
voyelle précède ce son : *boyau, tuyau, préau;* ou si *au* dérive
du singulier *al : totaux, maux, principaux.*

6° Une consonne ou un *e* muet termine les substantifs féminins : *main, épée, pie, tortue. Marie, gelée, maladie, rue.*

Les mots qui font exception à cette règle générale sont : *loi,*
foi, vertu, peau, eau, fourmi, merci, tribu, bru, moitié,
pitié, amitié, et tous ceux qui sont terminés par *té*, s'ils n'expriment pas une contenue, comme *bonté, charité, vanité,*
éternité, etc.

7° Le son *ié* final termine les noms féminins *amitié, pitié,*
moitié, tandis que *ier* termine ceux qui sont masculins : *papier,*
ch... pier, voiturier, ritrier.

8° *Ère* final termine les noms féminins *mère, laitière, bière,*
manière, etc.

9° *aire* final termine les substantifs masculins *notaire,*
maire, vicaire, poire, séminaire.

10° *Elle* termine les noms féminins *ficelle, manivelle, selle.*

11° La terminaison *ment* est presque toujours ajoutée à un
mot : *sacre* ajoutez *ment* pour avoir *sacrement, poli* ajoutez

ment on a poliment, *franche* avec *ment* fait *franchement,* commande ment, indéfini ment, éternelle ment.

12° Sur plus de mille mots terminés par TION, il n'y en a pas cent qui s'écrivent par *sion* ou par *xion.* Voici les principaux: *concession admission, discussion, réflexion, passion, scission, agression, compassion* et quelques autres qui ne dérivent pas d'autres mots. On écrit *soumission* par *sion,* parce qu'il dérive de *soumis, pression* à cause de *presse, confession* de *confesse,* etc., etc.

13° Enfin, la plupart des mots font connaître leur finale par leur dérivé.

Ainsi on écrira :

Abricot		abricotier.
Camp		campement.
Faim		famine.
Bond		bondir.
Dard		darder.
Bois	à cause de	boiserie.
Nom		nommer.
Chant		chanter.
Sang		sanguin.
Ceint		ceinture.
Fusil		fusiller.
Echafaud		échafauder.

14° L's placé entre deux voyelles se prononce comme z ; *maison, raisin, rose, ruse.*

15° Le N se change en M devant *b, m, p : lampe, tombe, immoral.*

DES SIGNES ORTHOGRAPHIQUES.

Le *trait d'union* (-) se met entre le verbe et le pronom, quand il est placé après le verbe. Exemple : *dirai je? diras-tu? sortez lui cela? viendra-t-il? voudra-t-elle? sortirons nous? avait on fait? prenez-en? allons y?* etc., et pour lier d'autres mots ensemble : *tire-bouchon, perce-feu,* etc.

Le *tréma* (··) se met sur les lettres ë, ï, ü, quand elles doivent se prononcer séparément : *ciguë, Moïse, Saül.*

La *parenthèse* ( ) sert à séparer certains mots qu'on peut détacher du reste de la phrase : *celui qui évite de s'instruire* (dit le Sage) *tombera dans le malheur.*

Le *guillemet* (») se met au commencement et à la fin des phrases que l'on cite.

La *cédille* ( ) se place sous le ç, lorsqu'il doit prendre une prononciation douce devant *a, o, u : je reçois, il força, nous reçûmes.*

La *virgule* sert à séparer les substantifs, les adjectifs et les verbes qui se suivent. Exemple : *Pierre, Paul et Jacques vendent, achètent et colportent des rubans, de la toile et du calicot : toutes ces marchandises sont fraîches, propres et de bonne qualité.*

La *virgule* s'emploie encore pour séparer les différentes parties d'une phrase. Exemple : *Turenne meurt, tout se confond, la fortune chancelle, la victoire se lasse, la paix s'éloigne,* etc.

On met aussi la *virgule* devant et après un ou plusieurs mots que l'on pourrait retrancher sans dénaturer le sens de la phrase : *je vous prie, Monsieur, de venir me voir.*

Le *point et virgule* s'emploie pour séparer plusieurs parties d'une même phrase qui sont d'une certaine étendue, surtout lorsqu'elles sont subdivisées par la virgule. Exemple : *il faut se tenir en garde contre tout ce qui peut nous séduire ; la prévention, l'orgueil, l'intérêt peuvent nous tromper.*

Les *deux points* s'emploient entre deux phrases dont la deuxième explique celle qui précède : *il ne faut jamais se moquer des misérables : car qui peut s'assurer d'être toujours heureux.*

Le *point* (.) se met à la fin d'une phrase dont le sens est complet : *l'intempérance change, en poison mortel, les aliments destinés à conserver la vie.*

Le *point d'interrogation* (?) se met à la fin des phrases interrogatoires : *êtes-vous sans parents ? comment ? depuis quand ?*

Le *point d'admiration* (!) s'emploie après les phrases qui expriment l'admiration : *Grand Dieu, à son malheur dois-je la préparer !*

ANALYSE GRAMMATICALE.

Analyser grammaticalement une phrase, c'est expliquer ce que c'est que chaque mot et les rapports de chacun avec les autres qui forment la même phrase.

A mesure que les élèves apprennent les définitions des différentes parties du discours, le substantif, l'article, etc., il faut les faire analyser ces différentes espèces de mots.

MODÈLE D'ANALYSE GRAMMATICALE.
LE PETIT ENFANT.

1. LE, *article*, parce que sa fonction est de précéder le substantif commun (17) (a). *Simple* — (b) le n'est pas composé

(a) Voyez les numéros de la grammaire.

(b) — Ce signe remplacera les mots *parce que.*

de plusieurs mots. *Masculin singulier,* — *le* se rapporte à un substantif masculin singulier (18) (annonce qu'enfant est déterminé).

2. PETIT, *adjectif qualificatif,* — *petit* qualifie un substantif (19). *Masculin singulier,* — *petit* se rapporte à un substantif masculin singulier (23) (qualifie enfant).

3. ENFANT, *substantif,* — *enfant* nomme une personne (8). *Commun,* — *enfant* convient à toute une espèce de personnes (9). *Masculin,* — on peut dire LE PETIT *enfant* (10). *Singulier,* — *enfant* ne nomme qu'une seule personne (11).

TU BOIRAS DE LA BIÈRE.

4. TU, *pronom personnel,* 2ᵐᵉ *personne,* — *tu* tient la place du nom de la personne à qui l'on parle (34). *Masculin singulier,* — *tu* tient la place d'un substantif masculin singulier (43). *Sujet du verbe,* — *tu* fait l'action exprimée par le verbe (l'action de boire) (45).

5. BOIRAS, *verbe,* — *boiras* exprime une action (44). *Actif,* — on peut dire boire quelque chose (58). *Au futur,* — l'action se fera plus tard (69). *Mode indicatif.* — *boiras* exprime l'action d'une manière absolue (51). 2ᵐᵉ *personne singulier,* — son sujet est de la 2ᵐᵉ personne et du singulier (56). 4ᵐᵉ *conjugaison.* — l'infinitif présent est terminé en *re* (62).

6. DE, *préposition,* — *de* marque un rapport (101).

7. LA, *article,* — sa fonction est de précéder le substantif commun (17). *Simple,* — *la* n'est pas composé de plusieurs mots. *Féminin singulier,* — *la* se rapporte à un substantif féminin singulier (18) (annonce que bière est déterminée).

8. BIÈRE, *substantif* — *bière* nomme une chose (8). *Commun,* — *bière* convient à toute une espèce de choses (9). *Féminin,* — on peut dire LA PETITE *bière* (10). *Singulier,* — *bière* ne nomme qu'une seule chose (10). *Régime direct du verbe,* — *bière* répond à la question quoi ? (46).

ELLES ONT BIEN DORMI.

9. ELLES, *pronom personnel,* 3ᵐᵉ *personne,* — *elles* tient la place des noms des personnes de qui l'on parle (35). *Féminin pluriel,* — *elles* tient la place de plusieurs substantifs féminins (43). *Sujet du verbe,* — *elles* fait l'action exprimée par le verbe (45).

10. ONT DORMI, *verbe,* — *dormi* exprime une action (44). *Neutre.* — on ne peut pas dire : dormir quelqu'un, ni dormir quelque chose (58). *Au passé indéfini,* — l'action se rapporte à un temps qui n'est pas entièrement écoulé (65). *Mode indicatif,* — *ont dormi* exprime l'action d'une manière absolue

(51). **3ᵐᵉ** *personne du pluriel*, — son sujet est de la **3ᵐᵉ** personne pluriel (56). **2ᵐᵉ** *conjugaison*, — l'infinitif présent est terminé en *ir* (62).

11. BIEN, *adverbe*, — *bien* modifie un verbe (98).

Marie donne du pain aux pauvres. Philippe et Louis se disputent avec leurs voisins. Il pleuvra cette nuit. On t'appelle dehors, vas voir.

12. Marie — s. prop. f. sing., sujet de *donne*.

13. Donne — v. act. au prés. de l'indic., **3ᵐᵉ** pers. du sing., 1ʳᵉ conjug.

14. Du — art. comp. mis pour DE LE : *de* prép., *le* art. m. sing. annonce que *pain* est déterm.

15. Pain — subs. comm. m. sing., régime dir. de *donne*.

16. Aux — art. comp. mis pour A LES : *a* prép., *les* art. m. pl. annonce que *pauvres* est déterm.

17. Pauvres. — s. comm. m. sing., rég. indir. de *donne*.

18. Philippe — s. prop. m. sing. suj. de *se disputent*.

19. Et — conjonction.

20. Louis — s. prop. m. sing. autre sujet de *se disputent*.

21. Se — pron. pers., **3ᵐᵉ** pers. du m. pl. rég. dir. de *disputent*.

22. Disputent — v. pron. au prés. de l'indic., 3ᵉ pers. du plur. 1ʳᵉ conj.

23. Avec — préposition.

24. Leurs — adj. poss. m. pl. déterm. *voisins*.

25. Voisins. — s. comm. m. pl., rég. indir. de *disputent*.

26. Il — pron. pers. 3ᵉ pers. du m. sing., suj. apparent de *pleuvra*.

27. Pleuvra — v. imp., 3ᵉ pers du sing., 3ᵉ conj.

28. Cette — adj. démonst. f. sing. déterm. *nuit*.

29. Nuit. — s. comm. f. sing.

30. On — pron. indéf. 3ᵐᵉ pers. du masc. sing., suj. de *appelle*.

31. Te — pron. pers., 2ᵐᵉ pers. du m. sing., rég. dir. de *appelle*.

32. Appelle — v. act. au prés. de l'indic., 3ᵐᵉ pers. du sing., 1ʳᵉ conj.

33. Dehors, — adv., modifie *appelle*.

34. Vas — v. neut. à l'imp. 2ᵐᵉ pers. du sing., 1ʳᵉ conjug.

35. Voir. — v. act. au prés. de l'inf., 3ᵐᵉ conj.

EXERCICES SUR L'ANALYSE (a).

Le 1 grand 2 moniteur 3. Le 1 pauvre 2 domestique 3. Le 1 bon 2 écolier 3. Le 1 vieux 2 soldat 3. Le 1 jeune 2 homme 3. Le 1 père 3 vertueux 2. Tu 4 mangeras 5 du 14 pain 15. Tu 4 recevras 5 de 6 l'argent 1, 15. Tu 4 vendras 5 du 14 papier 15. Jean 18 et 19 Pierre 20 se 21 signalent 22. Auguste 18 et 19 Joseph 20 se 21 battent 22. Tu 4 enverras 5 la 7 plume 8 du 14 maître 15. Julie 12 apporte 13 du 14 fruit 15 aux 16 enfants 17. Thérèse 12 vend 13 du 14 vin 15 aux 16 ouvriers 17. Claude 18 et 19 Augustin 20 se 21 promènent 22 avec 23 leurs 24 amis 25. Elles 9 ont 10 peu 11 travaillé 10 cette 28 semaine 29. Il 26 neigera 27 demain 33. On 30 le 31 présente 32 aujourd'hui 33 aux 16 élèves 17. On 30 donne 13 beaucoup 11 aux 16 pauvres 17. Le 1 fidèle 2 compagnon 3 de 6 mes 24 collègues 25. Pauline 12 a 13 du 14 papier 15 pour 6 l'ancien 1, 2 voyageur 3. Elles 9 ont 10 marché 10 pendant 6 la 7 nuit 29. Jules 18 est aimable 2, complaisant 2 et 19 généreux 2 pour 6 ses 24 amis 25. Elles 9 ont 10 assez 11 travaillé 10 cette 28 année 29 avec 6 leurs 24 frères 25. Chacun 30 le 31 prie 32 de 6 donner 35 du 14 devoir 15 aux 16 élèves 17. Cours 34 entendre 35 la 7 musique 8. Voyage 34 pour 23 l'instruire 31, 35.

ANALYSE LOGIQUE.

Désigner le sens des parties principales d'une phrase, c'est faire *l'analyse logique*.

On appelle proposition l'énonciation d'un jugement.

Une phrase contient autant de propositions qu'elle renferme de verbes à un mode personnel.

L'infinitif d'un verbe est le seul mode impersonnel, parce qu'il n'est pas sujet aux variations des personnes.

Chaque proposition a toujours trois parties principales : le sujet, le verbe et l'attribut.

Le *sujet* est l'objet sur lequel porte le jugement ; il peut être un nom, un pronom ou un verbe à l'infinitif.

Le *verbe* marque l'affirmation.

L'*attribut* est la qualité qu'on affirme convenir ou ne pas convenir au sujet ; ce peut être un substantif, un adjectif, un pronom, un participe ou un verbe à l'infinitif.

Le *sujet* et l'*attribut* sont simples s'ils sont exprimés par un seul mot, et composés s'ils sont représentés par plusieurs mots.

(a) Les numéros indiquent un modèle d'analyse pour chaque mot.

Le verbe et l'attribut sont quelquefois réunis en un seul mot; ainsi, *je dors* est pour *je suis dormant : je* sujet, *suis* verbe, *dormant* attribut.

Le sujet et l'attribut sont complexes lorsqu'un ou plusieurs mots les modifient ou en achèvent le sens.

Les *propositions* sont *principales* lorsqu'elles ne servent pas de complément à une autre proposition, et *incidentes* quand elles servent de complément.

La première *proposition principale* énoncée dans la phrase se nomme *absolue*, les autres *relatives*.

La *proposition incidente* est *déterminative* ou *explicative :* déterminative lorsqu'elle exprime quelque circonstance indispensable qu'on ne peut pas retrancher ; elle est explicative lorsqu'on peut la retrancher sans dénaturer le sens de la phrase.

Les *propositions* sont *entières* lorsqu'elles renferment le sujet; le verbe et l'attribut, *elliptiques* quand une de ces trois parties est sous-entendue.

MODÉLE D'ANALYSE LOGIQUE

Sur lequel le sujet est suivi de 1, le verbe de 2 et l'attribut de 3.

Dieu 1 (a—d) est 2 juste 3 (a—d). Paul 1 (a—d) sera 2 prudent 3 (a—d). Vous 1 (a—d) êtes 2 pauvre 3 (a—d). Le château 1 et la maison 1 (b—d) sont 2 démolis 3 (a—d). Mon père 1 (a—d) est 2 bon 3 et juste 3 (b—d). Votre oncle 1 et votre tante 1 (b—d) étaient 2 honnêtes 3 et affables 3 (b—d). L'enfant 1 (a—c) sage sera 2 aimé 3 (a—d). Ils 1 (a—d) sont 2 dévots 3 (a—c) dans l'église. La mère 1 et la fille 1 (b—d) étaient 2 malades 3 et abandonnées 3 (b—c) à Paris.

On ne peut contempler le soleil, si un léger nuage n'en tempère l'éclat; on ne saurait admirer les qualités qui font le mérite de l'homme savant, si la modestie ne leur sert de voile.

La phrase qui précède contient cinq propositions : la première, on ne peut contempler le soleil, proposition principale absolue; la deuxième, si un léger nuage n'en tempère l'éclat, proposition incidente explicative; la troisième, on ne saurait admirer les qualités, proposition principale relative; la quatrième, qui font le mérite de l'homme savant, proposition incidente déterminative; la cinquième, si la modestie ne leur sert de voile, autre proposition incidente explicative.

(a) Simple, n'étant composé que d'un seul mot.
(b) Composé, étant composé de plusieurs mots.
(c) Complexe, à cause du complément.
(d) Incomplexe, n'ayant pas de complément.

St-Etienne, imp. du commerce. —N.-S. Janin, rue de Foy.

AVIS.

Cette petite grammaire, bien apprise, suffit pour la connaissance de la langue française. Elle a sur les grammaires trop volumineuses, qui ne sont données aux enfants que par extraits, de pouvoir être donnée tout entière et être apprise parfaitement.

Cet opuscule ne contient pas d'exercices orthographiques. Il existe trois petits tableaux mécaniques qui peuvent former plus de dix mille phrases. Le plus simple de ces tableaux sert à exercer les élèves sur le substantif, l'article et l'adjectif. Le deuxième sert d'exercice sur les modes, les temps et les personnes des verbes. Enfin, le troisième contient des exercices sur les verbes neutres, pronomimaux et irréguliers (voir l'explication de ces tableaux). Le questionnaire est remplacé par l'analyse avec raisonnement.

OUVRAGES PAR LE MÊME AUTEUR.

SUR LA LECTURE :

1° Principe de lecture débarrassé de toutes les difficultés;
2° Tableau mécanique de lecture, formant seul toutes les syllabes et la plupart des mots de la langue française;
3° Jeu pour faciliter la connaissance des lettres, l'épellation et l'orthographe.

SUR L'ARITHMÉTIQUE :

1° Abrégé d'arithmétique à la portée des enfants.
2° Guide du maître pour l'enseignement de l'arithmétique, contenant un nouveau système pour donner à l'instant plusieurs opérations aux élèves et pour juger à première vue de l'exactitude des opérations faites.

9 782329 653082